JN438591

026
다시올시선

카메라도 눈멀어

박 병 원

026
다시올시선

카메라도 눈멀어

박 병 원

다시올

자서(自序)

문자 향 피워보렵니다

생각을 문자로 그려내는 일
설렘의 꼬리
두려움이 물고 있습니다.

'시 뭣고'를 화두 삼아
떠오르는 시상 다듬기
면벽 정진할까 합니다.

혼탁한 사회, 행여
소음으로 번지지 않게
들릴 듯 말 듯 낮은 목소리로
소통의 길 트고 싶습니다.

오롯이
문자의 향기
피워보렵니다.

2018년 가을

박 병 원

■ 차 례 ■

1부 세상 바람 맞으며

2부 텃밭을 가꾸며

■ 차 례 ■

3부 아우라를 찾아서

4부 삶을 곱씹으며

石溪

1부
세상 바람 맞으며

시샘

작은 샘에서 태어나
끝내는 바다로 가는 것이
우리네 삶인가

서로 시샘하며 길을 간다
그래서 네 시알도 내 시알도
알알이 영글어지는 법

시샘에는
시답잖은 물은 없다
시다운 참물[眞水]만 샘솟는다

삶 속에서 피어나는 시
소리 비록 여리고 보잘것없지만
그 울림, 쉼 없이 퍼져나간다

우리 사는 호수 안
타는 속 시원하게 식혀주는
티 없이 맑은 샘, 시샘

계단 오르기

높이뛰기의 마지막은 쓰러짐

에스컬레이터 안 되는 높은 계단
몇 계단씩 한 번에 먹어 치우면
끝 동작도 그렇게 되지 않을까

한 계단 두 계단 착실한 걸음 팽개치고
빨리빨리 높이 오르기만을 꾀하다
천 길 나락으로 떨어지는 몰골

웅크린 등 내밀며
디딤돌 되겠다는 계단
그 외면의 끝 훤히 보인다.

견성(肩性)

육교 밑을 바삐 건너가는 사람
육교 위를 느리게 넘어가는 강아지
안 되는 줄 알면서 무단 횡단하는 쪽과
되는 줄 모르면서 건너는 다른 한쪽을
함께 지켜보는 새벽길

순리는 막힘없이 흘러가는 법
둥지 튼 이 도시는 온통
동맥경화에 걸린 듯 뒤엉키고
막혀 터지기 일보 직전

사람이 개만 못하다는 질책
쏟아질 법한 못된 습관
역리(逆理) 소용돌이치는 육교 밑

습관 하나로 육교를 넘나드는 강아지
정도(正道)를 일갈하는 견성(肩性)을 본다.

제발 좀

사는 데 조금도 지장 없잖아
물만 먹고 살아도

이 등신아!
무슨 까닭으로
낚싯밥 덥석 물어
코가 꿰느냐
겁도 없이

너, 다음 누울 자리
어딘지 모르겠느냐?

펄펄 끓는 물 속 허우적대거나
뜨거운 석쇠 올라타고
소신공양(燒身供養)하는 길밖에

알만한 놈이 왜들 그러느냐
화형식을 자초하는
이 어리석은 놈아

네놈 버둥대며 튕겨낸 불똥으로
평화가 졸던 호수 엉망 아니냐?
지금

헛 비질

마당 가에 자리 잡은
물오른 대나무 예닐곱 그루

비켜선 햇빛 따라
길게 드리워진 대나무 그림자
바람이 일자 흥에 겨운 듯
갈지자로 비질을 시작한다

아무리 쓸고 또 쓸어도
미동도 하지 않는 악취 풍기는
마당 안 쓰레기

쌓이고 쌓인 폐단 쓸어내기
말 앞세우고 행동 뒤따름 없으면
그림자 빗자루의 헛 비질일 뿐

헌데, 어쩌나
헛 비질하고 있는 나리들아

대나무로 엮은 실체의 빗자루
어디로 빼돌렸는지.

※ 『채근담』에 나오는 "대 그림자가 뜰을 쓸어도 티끌은 일지 않는다(竹影掃階塵不動)"는 구절을 알레고리로 처리하여 쓰다.

샘

높은 데서부터
호수로 흘러드는 오 · 폐수
온갖 질환으로 병들어
신음하는 물속 식구

호수가 무덤 되지 않고
논밭 곡식에 젖 물릴 수 있음은
호수 속 낮은 데서부터 쉼 없이
샘솟는 발원지가 있기 때문

어두운 밤을 밝히고자
시대의 오욕을 탄핵하는 촛불
서로를 비비며 한 몸인 양
앉아있는 촛불 가족
혼탁해진 호수, 맑게 하는
샘의 근원이다.

꽃 나팔

성난 촛불
차 벽이 가로막자
막고 있는 차 벽에 꽃을 피운다
순간
빛의 촛불이
소리 꽃으로 몸 바꿔
꽃 나팔 된다

간절한 촛불 민의(民意)
푸른 벽 넘어간다.

일그러진 방송
-영화 <공범자들>을 보고

낙하산 타고 우쭐대는 점령군

힘센 자 입맛에 맞게
수작 부리는 말만 읊게 하고
묻지도 따져보지도 못한 뉴스
사실에 더하기 빼기 한 방송
세상 더듬는 시민의 눈멀고
귀먹게 한 흉기 중의 흉기

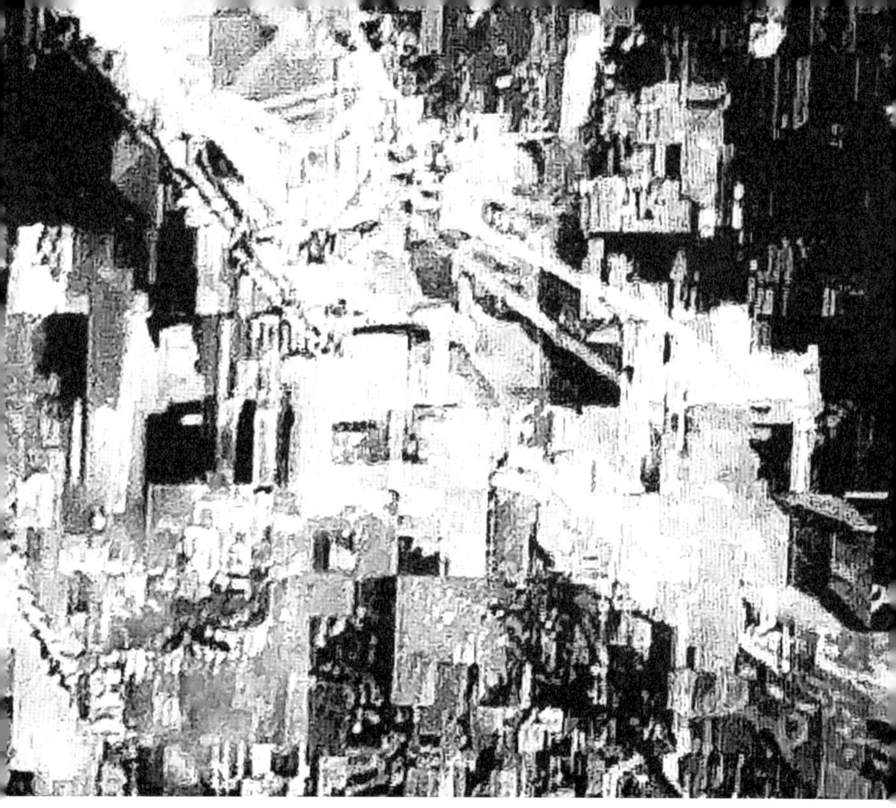

아닌 걸 아니라 하는 올곧음엔
'너 아니어도 돼' 라며 명줄 끊고
약자를 강자에게 재물로 헌납
한 줄로 엮어 걸어오는 공범자

작은 힘이나마 일그러진 방송
제자리 찾는 일에 보태고 싶다
옳음이 그름 몰아낸다는
문장실습의 일념으로

나비효과

나비의 날갯짓
거친 비바람
몰고 온다

거기 맞서다
무참히 꺾인 나무
본체만체

저만 살겠다고
힘센 바람에 빌붙어
너풀너풀 춤추며
아부하는 나무

거친 비바람
대지를 살라 먹도록
불난 집 부채질하는
저 부역자

새날
-영화 <1987>을 보고

기다린다고 절로 오지 않는다

눈 귀 멀게 하고
입까지 막아버린 동토의 늪 속
두려움이 분노로, 분노가 용기로
날을 갈아 밝힌 빛의 물결
어둠의 장막 밀어냈다

손과 발 부르트고 온몸 멍들어가며
목말라 애태웠던 기다림의 그 날

어떻게 세운 날인데 물결이
잠들었다고 불의가 가신 것인 양
순풍에 돛 올려 덩실대다니
노 잡은 손 내리기만 하면
어둠의 장막 다시 드리워질 텐데

어찌 세운 날인데
무뎌지지 않게 눈과 귀여는 일
새날[又日新] 세우는 일

메기야 고마워

벼와 미꾸리 함께 짓는 농부
무논에 메기 몇 마리 풀어놓자
약육강식 정글로 변하는 논배미

요리조리 휘저으며 사냥 나선 메기
필사적인 몸부림 도망치는 미꾸리
쫓고 쫓기는 살벌한 물속 세상

살겠다고 연막작전 펼치는 미꾸리
흙탕물 튕겨 메기 눈 흐리게 하고
벼 숲 사이로 잽싸게 숨어든다

게으르고 약해지면 그날이 제삿날
살기 위해 닥치는 대로 힘 기르고
에스라인 그리며 줄행랑치는 미꾸리

벼 수확 끝내고 미꾸리 추수하던 날
살찐 미꾸라지 거두는 농부
풍년가 끝 소절은 "메기야 고마워"

잔치국수

"국수 턱 언제 낼래?"

이웃집 누나 꽃가마 타던 날
차일 친 마당에서 먹었던 잔치국수
올을 삶아 대소쿠리에 건져 두었던 뭉치
국수물 붓고 양념간장 한 숟갈 얹힌 그 맛
씹기도 전에 후루룩 넘어갔었지

질린 꽁보리밥에 호강시켜 주던 국수
길 가다 잔치국수 간판 보이면
끌리듯 들어가 입맛을 보지만
잔칫집의 어릴 적 그 맛은 오리무중
고급화되다 못해 한계 입맛
체감의 법칙이 발동한 것도 모르고
둔한 혀끝이 방황하는 맛 기행

삼포 세대의 오늘
일할 곳도 살 터도 찾기 어려워
고갯길에 어깨는 내리막길
잔치 턱 내는 날 어깨 올리고
부디 '삼포' 터는 날 되기를

말이 씨가 되는

나들잇길에 오른 새벽
보조석에 앉은 친구
콧노래를 부른다

"힘겨운 날에 너마저 떠나면
비틀거릴, 비틀거릴"
이 빠진 유성기판 돌아가듯
노랫말 이어가지 못하고
튀는 소리만 반복한다

순간, 왕복 2차선 도로
앞서 달리던 승용차
넘어선 안 될 선 넘나들며
비틀비틀한다

간밤 주유한 알콜이 과했나
아니면 노랫말이 씨가 되었나
긴장의 고삐 바짝 조이고
새벽길 더듬는다.

향적봉대피소에서

대설주의보 내려지던 날
향적봉대피소에 갇혔다

눈보라는 하얀 붕대로
덕유산이 입은 상처 감싸는듯한데
대피소에 붙은 A4 크기의 벽 글씨
벽력같은 소리를 터트린다

“아니 온 듯 다녀가소서”

넉넉한 품으로 감싸 안더니만
얼마나 버리고 짓밟고 괴롭혔으면
저리도 간절함 토해내는 걸까

순수를 덧내는 마음 부스러기마저
몽땅 쓸어 담아 내려가 달라는
저 정중한 바람 가슴에 품고
내려진 대설 주의보
풀리기 만을 기다린다.

헐크의 다이어트

자꾸만 잘려나가는 산이 그린 스카이라인

몸집 날로 불어나는 농촌 들녘 조형물들
멋들어지게 이어나간 산 그림 앞
심술궂게 가림막 치고 섰다, 헐크처럼

눈길 막고 선 회색 장벽
무슨 욕심 부리다 괴물로 변해
병풍처럼 늘어선 산을 잘라 먹었을까

흥분 가라앉히고 다이어트만 잘해도
산 그림 상처 낼 없이
그 품에 포근하게 안길 수 있을 텐데

너 왜 자꾸만
산을 잘라먹으려고 욕심부리느냐
제발 가리지 마라, 산 그림 감상 중인 내 눈

탈

오랜 시간 지층처럼 쌓여
손때 찌든 하회탈 한 점
거실 벽에 걸었다

쳐다볼 때마다
탈 많은 세상에 탈 없이 살라며
'이 뭣고' 화두를 던지는
선정(禪定)의 초입으로 이끈다

면벽의 시간 나를 끌고 간다
분수에 넘는 남의 탈 쓰고
본색 숨긴 초라한 모습
나도 속이고 남도 속인 거짓
내 안의 탈이 탈로 드러난다

순간
벽에 걸려 있던 탈
죽비로 내 등 후려친다
탈이 탈을 벗는다.

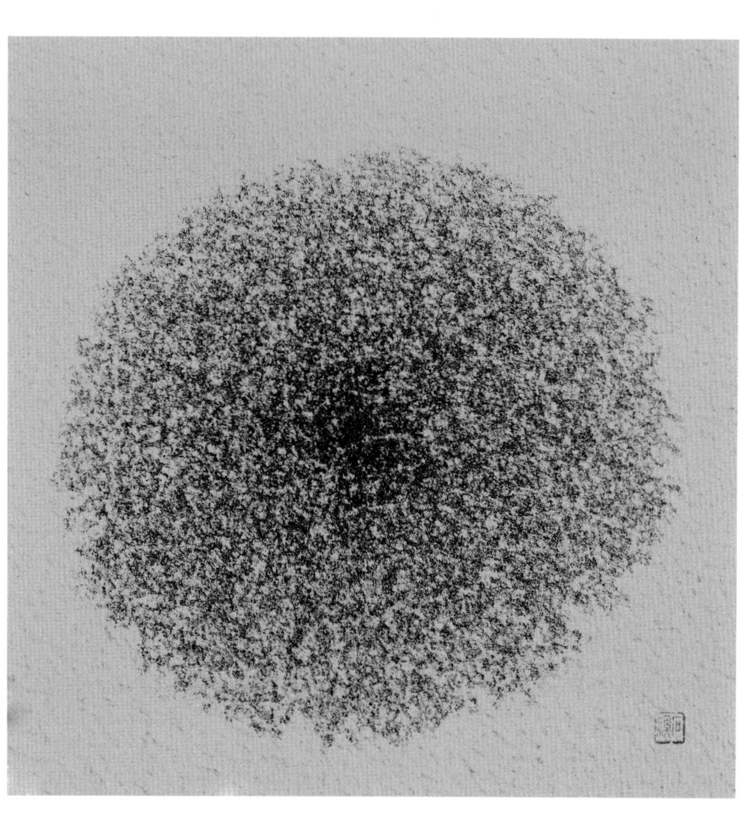

통로

제주 밭담
돌과 돌 사이 틈새 있어
세찬 바람에도 쓰러지지 않는다
바람의 길 터줌 있었기에

얼어붙은 호수
어디 한 군데만은 얼지 않은 구멍 있어
빙판 꺼지지 않고 제 명줄 이어간다
숨 쉴 길 터줌 있었기에

바다나물 곤포(昆布)
긴 잎사귀 군데군데 구멍 있어
거친 파도에도 뿌리 뽑힘 없이 바위에 붙어산다
파도의 길 터줌 있었기에

닫아버린 저 입과 귀
언제쯤에나 굳게 잠근 빗장 풀고
말의 길 트려나
길은 터야 모두가 살아남는 법인 것을

불영계곡(佛影溪谷)

계곡에 널린 가사 장삼
한 겁(劫) 한 겁이 쌓여 천축이 된
산 태극 수 태극으로 감싼
천축산 불영사에 연지(蓮池)가 있다

왕피천으로 바람을 쐬러 나온
연지에 비친 부처의 그림자
불자의 독경에 발길 멈춘 곳
승무(僧舞)를 즐기던 은어 떼
염주 입에 물고 뒤따른다

돌개울에 하얗게 잠긴 달빛
부처의 법문인 듯 깨고 또 깨는
불경의 소리로 흐르는 것인지
세파를 일갈하는 것인지
동쪽으로만 굽이쳐 흐른다

해탈의 문을 좇아 염주를 여민
은어 떼, 나무불 독송하며
불영계곡 거슬러 올라간다.

물속으로 흐르는 연등

산 그림자 물 위로 걸어가자
바람에 나부끼던 연등
물속으로 흐른다

물결 따라 하느작대는 연등
옷에 물 젖지 않는다
물에 불 꺼지지 않는다

물속으로 흐르는 연등
길 잃고 허우적대는 이들
헤어날 길 밝히겠다며

모두가 스승인 것을

착한 진료로 감동하고
약 타러 들어선 아래층 약국

처방전 받고도 눈길 주지 않는
표정 없이 고객을 대하는 그녀

잠시 뒤 조제한 약 봉투 내밀며
"저번 약과는 달라요" 말하는 약사
어처구니없다, 이 약국 처음인데

"이 약 어떻게 먹어요." 묻자
"봉투 보세요."
쏘아붙이는 설탄(舌彈) 한 발

약국 문 나서며 당기는 혀끝 방아쇠
투약구 향해 되받아 쏘는 설탄 한 방이
모두의 공간을 소란스럽게 한다

교전을 멈추고 내력을 살펴보니
위층의 진료서비스는 친절 교사
약국의 처방서비스는 반면교사

되받아 한 방 날리기는 왜 했지
입만 더러워졌잖아
모두가 나의 스승인 것을*

* 『논어』에 나오는 「개오사(皆吾師)」.

2부
텃밭을 가꾸며

봄 가뭄

올 듯 올 듯하면서
오지 않는 봄비

할퀴고 쩍쩍 갈라지는 대지
겉옷 벗지 못해 속앓이하며
깨어나지 못하는 새 눈

물오른 싱그러움
알알이 영그는 꿈
그꿈 말릴 대로 말리며
옥죄기만 하는 봄 가뭄

이 고비, 더 단단해지라고
담금질하는 숨 막히는 고갯길
꽃눈 피우고야 말겠다는 일념
한 생의 끈 놓지 않는다

마른 목 흠뻑 적실
생명의 젖줄 기다린다.

오늘은 오시려나

땡볕이 덧낸 상처
타는 속 식히지 못한 초록 피돌기
이파리 시들고 줄기 꼬부라져
고개마저 떨군 텃밭 식구

어젠 마른천둥만 요란했을 뿐
끝내 오지 않은 그 임 때문에
마른 모래만 씹어야 했다

오늘, 임 오신다는 소식 있어
밭일 내려놓고 나선 서울 나들잇길
거리엔 온통 우산 든 사람 북적대
행여 방패 우산에 임이 거슬릴까
오시다 마음 접고 돌아서 가버릴까
집 나설 때 난 아예 우산 들지 않았다

도심 빌딩 숲엔 잘도 오시는 임
하늘 아래 편안타는 천안도솔고을
말라비틀어진 상처 어루만질
내 임, 오늘은 오시려나

대불(大佛)의 귀

꽃이 피기 전부터 대불은
이미 새우는 소리를 들었다

막힌 말 길 트지 못해
몰아쉬는 한숨 소리에
자꾸 쏠리는 간절한 기도
허공에서 중심을 잃고
먹구름 속에서 헤매다가
환한 얼굴이 되고
둥근 달이 되고
마침내 넓은 연못
되기도 하는

이 방향에서 저 방향으로
소리는 점점 높아지고
깊어가는 가슴앓이
놓치지 않고 헤아리는
대불(大佛)의 귀

여기가 만인소*의 끝이라며

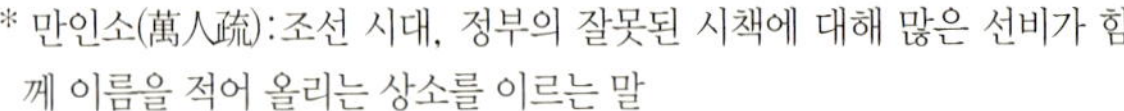

* 만인소(萬人疏) : 조선 시대, 정부의 잘못된 시책에 대해 많은 선비가 함께 이름을 적어 올리는 상소를 이르는 말

봄에씨뿌리지않으면
가을에거둘것이없다
신사년봄석계

텃밭을 가꾸며

자소엽, 의성초, 아마란스
양지바른 텃밭이 새 가족 맞이했다

봄 가고 여름이 오고
지루한 장마가 시작되었다

그 사이, 텃밭 가족 에워싼 잡초
호미든 손에 점령군의 핏방울
푸르디푸르게 튄다

잡풀과 육탄전 벌이는 동안
도반*이 된 잡초와 텃밭 가족
경전(耕田)에서 경전(經典)을
함께 독송하고 있다

더불어 살겠다는 그들 마음 미처
헤아리지 못한 농심, 경계(境界) 짓기
내려놓고 푸르게 부푼 텃밭에서
합장하고 있다.

* 도반(道伴): 함께 불도를 수행하는 벗, 도로써 사귄 동무.

농막

초록과 사랑놀이하는 밭 집
한낮 땡볕엔 가림막 되어주고
기습적인 소나기엔 두 팔로
잽싸게 품어 안는 그

뿌리 뻗고야 말겠다는 잡초
기어이 뽑겠다고 기를 쓰는 나
이마에 맺힌 땀방울 훔쳐내고
냉수로 더위 가시게 해주는

호미에 묻은 흙 털어내며
잠시 전열 가다듬다 스르륵
빠져드는 낮잠, 꿀맛보다
더 진한 농사꾼의 보약

산마루에 마실 나선 솔바람
선물로 찾아오면 솔향 덕에
시상의 보따리 풀어낸다.

당했습니다

어젯밤 그놈에게 당했습니다
갈기갈기 찢기고 채 여물지도 못한
여린 속살 여지없이 짓밟혔습니다

야수 같은 놈이
울타리를 할퀴고 물어뜯고
기습적으로 쳐들어와 보금자리
쑥대밭 되고 말았습니다

지긋했던 가뭄과 물난리에
용케도 목숨 줄 이어왔는데
그 망나니 같은 몹쓸 놈이
끝내, 쑥대밭을
만들고 말았습니다

망연자실, 일할 맛 싹 가셨습니다
밥값 한 푼 내지 않고 무전취식하는
멧돼지에 습격당한 내 고구마밭

작은 나눔

때만 되면 몽땅 해치우던

봄엔 오디
여름엔 블루베리
가을엔 꾸지뽕 열매까지

봄부터 그가 한 일 생각하면
괘씸죄라도 물어야겠지만
측은한 생각 지울 수 없는
춥고 배고플 계절

초겨울 문턱
서리 내린 감나무 가지 끝
매달아 놓은
작은 마음 하나

가을걷이 뒤
남긴 홍시 한 알
까치의 몫

소심 한 점

창틀 안으로 옮겨온 소심 한 점

영 상태가 신통치 않아 CD에 담긴
물소리, 바람 소리, 새소리를 들려주자
잎맥을 타고 스며드는 자연

쌓였던 스트레스가 풀리는 건지
고와지는 때깔, 생기 넘치는 잎새
난분조차 윤기가 번지르르하다

명상에 뿌리내리고 성장 재촉하더니
자연의 소리에 맞춰 몸을 풀고 있다
은근히 기다려지는 새움 한 촉

아내의 손맛

지붕 위 장독대, 자외선
차단제도 바르지 않은 아내의
손맛, 땡볕에 익어가고 있다

찜통더위엔 땀으로 목물까지
숨 막히는 독 안에 갇혀
끓어오른 분노 삭이면서
익혀온 맛 고수하고 있다

올 추석 큰애, 작은애 내려오면
사랑의 손길 끝도 없이 이어져
잘 익은 손맛 어김없이 분양되고
모정에 대한 그리움도 달래겠거니

열매를 따서 주는 것보다
맺게 하는 법 일러주는 일이
못내 아쉬워지는 이 가을
들녘의 벼가 익어가듯
분양될 손맛 익어간다.

된장

쥐어박고 두들겨 문드러지면
두루뭉술하다는 이름으로
황토 방에서 찜질하기 한 달

더운 방에서 메주로 꺼내와
바람에 젖은 몸 말리기 이레
정월, 손 없는 말 날[午日]
다시 독 안에 갇히는 신세

일 년을 삭을 대로 곰삭은 뒤
형량 마치고 출옥하던 날
된장이라 성함을 밝히자
두부모 들고 줄 서는 사람

곰삭은 밭고기라고
뛰어난 항암효과 뽐내자
먼발치에서 지켜보던 암세포
엄두도 못 내고 줄행랑친다.

대물림

둘째에게 용돈을 주며
아내가 하는 말

"쉿! 형한테는 비밀이다,
너만 주는 거니까"

큰애에게 그런 식으로 용돈 주는 걸
이미 본 나인데

굴뚝에 연기 피워
애써 가난을 감추던 시절
아깝게도 솥에 눌어붙은 잡곡밥
그 누룽지 뭉치를 건네주시던
어머니의 고소한 말씀
그때도 그랬었지

한 어머니에서 다른 어미로
대물림한 지고지순한 사랑
부엌에 서서 오늘도

"쉿! 비밀이다
너에게만 주는 거니까"

予獨愛蓮之出
於淤泥而不染濯
清漣而不夭中通
外直不蔓不枝
香遠益清亭亭
淨植可遠觀而
不可褻翫焉
石溪

보리밥

쌀이 귀했던 유년기
보리에 질려 보리밥이 싫었다

중학교 봄 소풍 가던 날
입쌀 한 톨 안 섞인 보리밥 도시락
동무에게 가난이 들통날까 두려워
어머니의 둥지 같은 사랑
애써 외면했다

이 나이 될 때까지 큰 탈 없이
이만큼이나마 가뿐하게 지탱하는 건
그렇게 싫어했던 그 밥 덕분일 터
고약한 악도리* 막아준 귀한 먹거리

그 시절 허기 채워주던 생명의 끈
지금 내 안에 생명의 씨앗 심겠다고
그 밥이 주는 식이섬유, 판토텐산, 비타민 B6
열나게 복용하며 버티고 있다

고추장과 열무김치 절친 삼은 보리밥
보기만 해도 입안 가득 군침 고일 때면
자꾸만 생각나는 어머니의 사랑

* 악도리:모질게 덤비기 잘하는 사람.

비빔밥

고슬고슬한 흰 쌀밥
볶은 쇠고기에 데친 나물
고추장에 참기름과 참깨
고명으로 올린 노란 지단까지
모두 품어 하나 되는 곱돌
잘 식지도 않았지

써 억 썩 맛내는 손놀림
눈 즐거워지는 색깔
혀 끌어당기는 바람의 맛
색의 어울림 가득한 곱돌
양으로 먹었지

색깔을 비비자 목으로
넘어갈 듯 말 듯 어우러져
점점 일심동체가 되었지

집중호우

게릴라 군단의 기습적인 융단폭격
방사포처럼 집중 투하되는 물 폭탄

고지 삼키더니 계곡을 덮친다
산이 흘러내리고 강이 하혈한다
울타리 허물고 둥지 초토화됐다

목줄 잡고 애 말리던 가뭄의 꼬리
죄 없는 명줄까지 한입에 삼키다니
검은 구름의 태생인 네놈의 심보
어디 가겠느냐마는

겨울에서 여름으로 봄을 채가듯
가뭄에서 물난리로 돌변한 네놈
단비 외면하고 물 폭탄 퍼 붇 줄이야

자연법 어긴 죄목으로
하늘 법원에 제소한다

천벌 받을 네놈을

불덩이와 불똥

눈에 실핏줄 선 아내 이끌고
동네 안과를 찾았다
눈 주위 살피는 의사 선생
걱정할 정도는 아니란다

"정말 걱정 안 해도 되나요"
처의 물음에 스트레스받지 말라는
의사의 말이 낙하하기도 전에
턱을 내 쪽으로 가리키는 아내
"저 양반 때문에" 한다

"불똥이 왜 그리로 튀지요"
의아해하는 의사

아내 눈 열 받게 하는 불덩이
불똥은 불덩이에서 튕겨 나간 파편
그 조각이 고향 찾는다는데
내 어찌 마다할 수 있을까

멋쩍게 웃을 수밖에

볏짚 곤포 사일리지*

콤바인이 놓친 벼 이삭
철새 떼 기웃거리는
초겨울 휑한 들녘

지천으로 널려있는
공룡 알처럼 둥근
볏짚 곤포 사일리지

비닐 랩으로 감싼 사일리지
쏘아 올리는 햇빛 반사광
눈이 부신 철새 줄행랑친다

AI에 걸린, 철새 물러가자
공포에 떨던 가슴 쓸어내리며
안도하는 닭과 오리

*볏짚 곤포 사일리지: 벼 수확 후 하루나 이틀 안에 볏짚을 둥글게 압축, 수분량이 40% 이상일 때 곤포용 비닐 랩으로 감아 발효시키는 소먹이 사료.

아직은

서리 내려도
소나무 늘 푸르듯
머리 위 서릿발
희끗희끗해도
가슴속 푸른 피돌기
더욱 파동 친다

아직은

霜松常靑
필자의 自刻

이팝나무 꽃 필 무렵

가난을 솔가지로 지피며 허기진 배 움켜잡고 넘던 보릿고개, 이팝나무 꽃 필 무렵에는 친정을 찾지 말라 했었지

인천공항 가까운 길목, 목이 길쭉한 나무 접시에 군침 돋게 수북이 피어 있는 흰 쌀밥 이팝나무 꽃

먼 나라로 출가했던 자식, 고국 땅에 입맞춤하며 이팝나무 꽃그늘 사이로 찾아드는 친정 나들잇길

부모 세대가 뿌린 땀거름 뿌리 깊이 배어들어 피운 하얀 이팝나무 꽃 필 무렵, 이젠 친정 와도 입쌀 걱정일랑 말아라.

마중물 한 바가지

타는 목젖 달래기 잠시 접고
마중 길, 나선 물 한 바가지
땅속 깊이 뻗은 물관 따라
낚싯밥이 되어 길게 드리운다

입질의 무게가 느껴지는 순간
물 끈 잡아당기는 바쁜 손놀림
작은 폭포 물구나무로 낚아 올린
생명의 물, 열 백 바가지

보이스톡

"여보세요."
보이스톡으로 집사람에게 전화했더니
"무슨 일 있어요? 또 전화하게" 한다
"무슨 일은, 나 잘 지내, 걱정 마"
"무소식이 희소식인데" 하며
여행이나 잘 하란다

"아! 알아. 마드리드에도 와이파이가 터지기에,
당신은 괜찮아?"
"그럼요"

귀국하던 날
비행기 착륙하기 무섭게
보이스톡으로 귀국을 알리자
그제야
척추 압박골절로
일주일째 신경외과에 입원 중이란다
병원으로 바로 오지 말고 짐 풀고
쉬었다 오라는 살가운 말까지

아내 마음 씀씀이에 말을 잇지 못하고
부리나케 지방행 버스에 오른다.

좌불상 등나무

좌불상(坐佛像) 오르는 길목
등나무가 보랏빛 구슬 타래
올올이 드리우고 있다

잎 시들고 줄기 비틀리는
가뭄과 땡볕의 고행길
오체투지 마다하지 않았기에
등꽃 사리를 피울 수 있었던 것
봄 내내 향 공양(香供養) 올리며
미소로 합장하고 서 있다

타래로 얽힌 줄기 찾아가니
좌불의 연화대 밑에
등나무 뿌리가 넙죽 엎드려
큰절 올리고 있었던 것
아미타불의 염화미소도
등나무 꽃눈 잉태하는
수국(水國)을 가지고 있었나보다.

石溪

3부
아우라를 찾아서

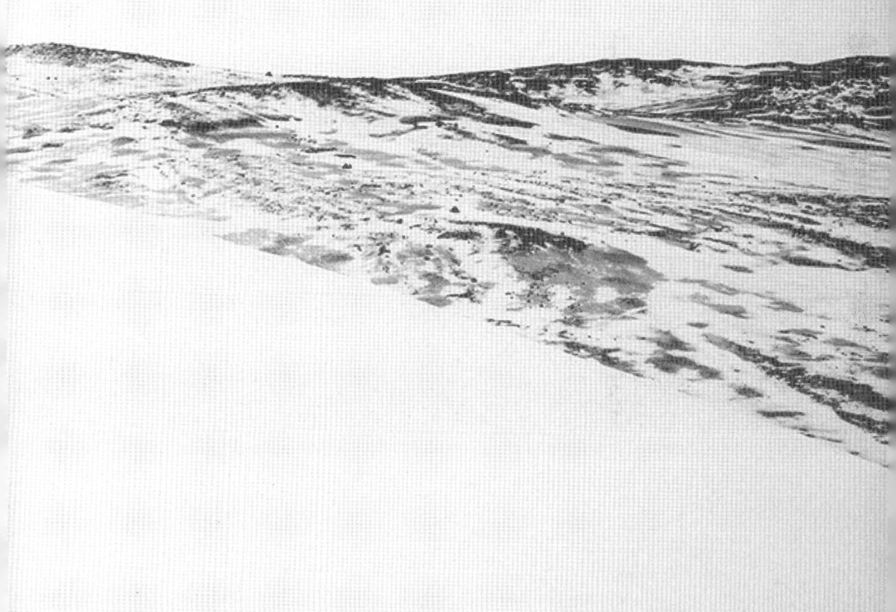

설원의 묵향

순백의 화선지, 아이슬란드의 설원
세찬 바람 붓질하고 지나간 뒷자리
화산 토석이 먹색으로 드러난다

운필의 강약, 먹의 농담이
한데 어우러지면서
설원에 한바탕 신명 나는
붓의 춤사위 펼쳐진다

문인 묵객의 고매한 사유
드넓은 설원에 온전히 스며들어
바람 타고 피어나는 설원의 묵향

마침내
문자향(文字香), 서권기(書卷氣) 되어
가난한 내 안에 기(氣)를 채운다.

눈안개

시계 0
잿빛 꿈속을 헤매듯
한 치 앞 분간키 어려운
아이슬란드의 설원

심한 홍역으로 검게 그을린 대지
미열이 가시지 않았는지
자욱하게 토해내는 눈안개

몽롱한 잿빛 하늘과 땅
땅속으로 꺼져버린 스카이라인
하늘 위로 날라버린 지평선
지우개로 지운 듯 뭉개진 경계

건곤일색(乾坤一色)
그 희뿌연 장막 뒤
주고받는 뜨거운 밀어
1+1=1 둘이 하나 되는
설원의 눈안개

유빙(流氷)

혓바닥 날름대는 거친 파도
아이슬란드의 겨울 바다로 숨어든
빙하 조각을 핥고 또 핥아댄다

쥐어 짜낸 얼음 파편의 땟국물
해변을 검게 물들이는가 했더니
해수면까지 불어나게 하고 있다

분별없는 이 모두가 제 탓이라고
변명 한마디마저도 삼켜버리며
마음의 때 씻어내겠다는 유빙

너나없이 내뱉은 그 많은 온실가스
지구를 열 받게 한 주범 따로 있는데
어찌 그게 네 탓이겠느냐?

교감 · 1

청해성 드넓은 초원
무리로부터 튕겨 나온 한 마리 양
겁도 없이 다가와 살을 부빈다

갉아먹고 뜯어먹는 그는 채식주의자
나는 채식이든 육식이든
가리지 않고 수저로 뜨고 칼로 베고
포크로 찍어 먹는다

순한 속, 부드러운 겉모습의 사랑스러운 양
겉과 속 다중적이라 거칠고 날카로운 나

그윽하게 살 베기와 찌르기 그만하라는 그와
무리에서 뒤처져 길 잃지 말라며 쓰다듬는 나
한참을 살 부비며 애틋함 주고받는다.

교감 · 2

히말라야 설산, 해 낚기 새벽 산행
어둠을 뚫고 앞장 서 길을 여는
무장한 경비원과 용맹스런 안내견

힘겹게 조망 포인트에 올라
일출 기다리는 카메라의 눈망울
셔터에 손 얹고 월척의 꿈 키운다

가까이하기 두려워했던 안내견
옆으로 바싹 다가와 기대앉는다
내키진 않지만 그의 머리를 쓰다듬고
한동안 이어지는 둘만의 교감

순간, 해를 낚으려던 눈망울
우리 둘이 연출하는 장면을 향해
일제히 셔터 세례를 퍼붓자
여명도 놀라 잠에서 깨어난다

오래전, 길렀던 반려견의 체취
지워지지 않고 남았다 풍기는지
체취의 기억이 깨어나고 있다.

카메라도 눈멀어

바람이 경전을 읽어주는
라싸에서 카트만두로 가는 길
그 길에서 넘어야 하는 가초라 고개

해발 5,248m,
오를수록 어지러운 현기증
쏟아질 것 같은 두 눈, 이대로는
산새도 설산도 볼 수 없다

세 발 딛고 선 카메라도 선뜻
프레임 안으로 초점 잡지 못하는
히말라야의 설봉도 그저 산일뿐

힘겹게 올랐지만 오래 머물 수 없는 고개
설산도 바람이 읽어주는 경전도
카메라가 눈멀어 담을 수가 없다

네팔 국경 마을로 내려서고 나서야
언제 그랬냐는 듯 가뿐해지는 몸과 마음
나도 카메라도 시력을 되찾는다.

알혼섬에서

바이칼호의 심장
부리야트 족의 정신적 고향
발길 닫는 호반과 언덕 위
곳곳에 널린 우리와 비슷한 정서
오색 천 조각 두른 샤먼 나무
설날 색동옷으로 치장한 듯하고
샤먼의 북소리에 덩실대는 춤판
한가위 강강술래 보는 듯하다

호반에 얽힌 설화
선녀와 나무꾼 이야기인 듯하고
서리꽃 핀 자작나무 숲은, 천마총
껴묻거리* 천마도가 펄럭이는 듯
생김 생김새, 우리를 많이 닮았고
Y-DNA가 유사하다는 부리야트 족
우리 뿌리 근원이 바로 여기였나?
이들이 정녕 우리네 사촌인가?

바이칼호 알혼섬
한민족의 시원을 찾아
명상 행렬 이어지는 까닭
같은 정서 때문인가

* 껴묻거리: 장사 때 시체와 함께 묻는, 죽은 사람이 생전에 애용하던 물품.

앙카라 강*

잠들지 않았다
용트림하듯 몸부림치는 앙카라 강은

영하 40도
빙판 위론 차들이 질주하는데도
깊은 잠 속으로 빠져든 바이칼호

삼백여 하천 받아 마신 바이칼호
그 거대한 용량 배설하는 앙카라 강
전립선 비대증도 없는 탄탄대로의 정관
어느 한 곳 막힘없이 넘쳐나는 그 정력

솟구치는 열정, 토해내는 뜨거운 입김
물안개 자욱 피어오르는 얼지 않는 강
강 안 다챠섬**엔 서리꽃, 눈꽃, 얼음꽃
서로 앞 다투며 얼굴 내미는 흰 꽃 천지

바이칼호의 정력 힘차게 쏟아내어
더 넓게 더 멀리 대양에 이르기까지
호수의 2세들을 뻗어나게 하는

* 앙카라 강: 바이칼호에서 발원, 이루크츠크로 흐르는 강.
** 다챠섬: 앙카라 강에 있는 작은 섬, 간이별장과 텃밭이 있다.

어미 따오기의 절규

마사아 마라 국립공원
사파리 게임 드라이브* 코스
길 막고 선 어미 따오기

사파리 전용차 접근하자 기관총
연사하듯 격한 울음 토하며
온몸으로 절규한다

따오기의 방어
기가 꺾인 운전기사,
전진 대열 포기하고
우회로 개척한다

정황 포착된 것은 거기 아직
날지 못하는 새끼 따오기
잠복 중이라는 것

* 마사이 마라 국립공원 사파리 게임 드라이브 : 아프리카 케냐의 국립공원 마사이 마라(Masai Mara)에서 사파리 전용차량을 이용, 야생동물 중 빅 5 즉, 사자 · 코끼리 · 코뿔소 · 물소 · 표범을 찾아 관광을 진행하는 게임 드라이브. 빅 5를 모두 보면 임무완수를 증명하는 증서가 주어진다.

소수스플레이*의 고사목

아무것도 없는 땅, 타들어 가는
나미비아의 황량한 사막

잎은 모래바람에 강탈당하고
한낮, 살 속까지 파고드는 땡볕
온몸 떠받치고 서 있는 고사목

광활한 사막 붉기만 한데
따돌림의 외로움 얼마나 컸으면
저리도 낯선 이들과
어울리고 싶었을까

제 몸 말라 미라가 되었으면서도
앙상한 가지만으로 그늘까지 내어주며
땡볕에 시든 나그네를 안고 있다

그가 베푸는 좁은 그늘 밑
씻긴 땀방울
열사(熱砂)의 흥분 잠재우고

소진한 기(氣) 채우려고 안간힘 쓰는 트레커
좁은 그늘이 더 넓게 느껴지는 것은
죽은 자가
산 자를 품어 안기 때문

* 소수스플레이(Sossuvlei)-아프리카 남서부 나미비아에 있는 사막, 세계에서 가장 높은 모래 산이 있는 곳.

물보라의 비상

언제 한 번쯤
하늘 높이 올라가는
꿈이라도 꾼 적 있으랴

애오라지 낮은 곳으로
내려가는 것만을 알고
순리로 살아온 물[水]

빅토리아 폭포*의 천 길 낭떠러지
수직으로 떨어지면서도 한 치
머뭇거림이나 망설임도 없다

곤두박질치고 부딪쳐
산산이 부서지고 나서야
무지개 등에 올라탄 물보라
그 아름다운 비상을 본다.

*빅토리아 폭포(Victoria falls) : 아프리카의 짐바브웨와 잠비아공화국 국경에 위치한 폭포.

빛 새

지구 요동치던 그 옛날
물과 바람이 빚어낸
안텔로프캐년

붉은 사암층 동굴 안으로
파고든 한 줄기 빛
둥지에 부화시킨 새 한 마리

오래 소장하고 싶은 명화지만
태양의 마술 기(氣) 소진하면
새의 한 생 흔적을 감출까

그 빛 사라지기 전
떠날 채비 서두르는
한 마리 빛 새

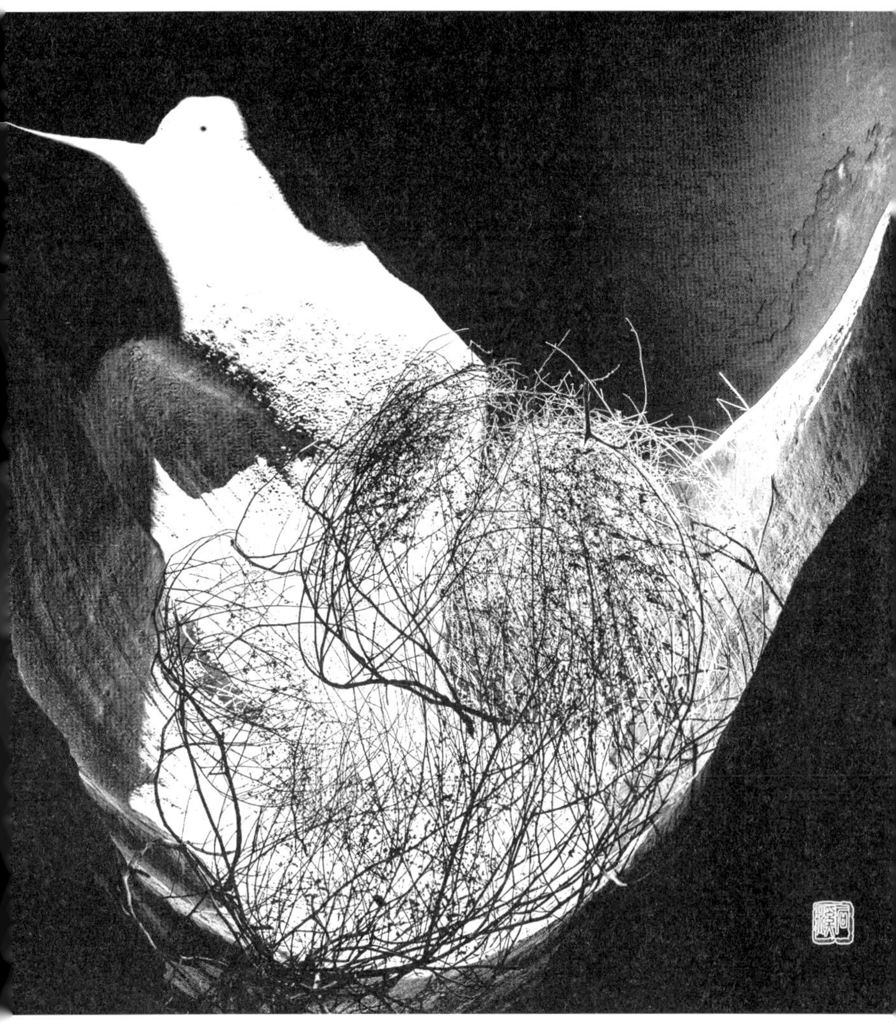

石溪

대지의 지문

빙하의 홍수 밀려와 오랜 세월
평원과 구릉이 빚어낸 땅 팔루스*
한 치의 성형도 없는 태초의 모습
야생 바다처럼 출렁이는 끝 모를 밀밭

먹이를 쫓는 독수리처럼 날아올라
아우라 찾아 부릅뜬 카메라
예리한 눈으로 찰나를 담는다

알곡을 거두고 콤바인이 남긴 발자국
등고선 따라 수평으로 찍은 선명한 지문
색색의 헝겊 기워 맞춰 어우러진 조각보
거대한 카스텔라로 차린 대지의 식탁

연두와 초록의 신나는 춤사위에 이어
팔월의 팔루스는 금빛 생명의 보고
농부의 땀방울이 그려낸 대지의 지문

* 팔루스(Palouse) : 미국 워싱턴주에 있는 4000제곱마일의 소맥 재배 지역. 1만 5000여 년 전 빙하가 만든 대지.

바람의 힘겨루기

산바람과 바닷바람
힘 겨루는 하와이 바닷가

비릿한 바다 냄새 두고
뭍으로 보내려는 바닷바람
그 냄새 싫다고 바다로
돌려보내려는 산바람

핑퐁을 날리듯
팽팽한 힘겨루기의 끝은
언제나 힘센 산바람이 승자
하나같이 허리 굽힌 야자수
바다 쪽으로 큰절하며
겨루기에 진 바닷바람
늘 져주어 고맙다고

비린내 없는 하와이, 더
고마운 쪽은 산바람

구름에 길을 묻다

녹색 물결, 밀려오는 허브 향
코끝 파고드는 진한 향내에 홀려
끝없는 초원 몽골에서 길 잃었다

양에게 길 안내 청했지만
식후의 나른함 이기지 못해
한가로이 졸기만 할 뿐

고개 들어 구름에 길을 묻자
내 그림자에 이미 발 적시고 있다며
눈 깜박하는 순간 사라지는 삶도
별반 다를 게 없다며 서두른다

한 차례 선문답이 오간 다음
구름의 안내를 받으며 따르자
길 없는 초원에 열리는 새길
몽골의 길라잡이는 구름이었다.

나목

하얼빈
빙등제 가는 길
흑룡강성의 허허벌판
매몰차게 불어오는
시베리아의 칼바람

한때는
색색의 패션으로
뭇 시선 끌던 그녀
살에는 엄동설한에
한데서 알몸이라니

눈이라도 펑펑 쏟아져
솜털처럼 뽀송뽀송하게
감싸줬으며…

분짜 정식

베트남 나들잇길 두 번째
하노이의 전통적 얼굴 먹거리
분짜와의 첫 입맞춤이다

멸치 우려낸 미지근한 국물
넉맘에 건진 쌀국수면 넣고
고수와 상추, 마늘과 고추
잘 구운 숯불 돼지고기
고명을 올리자 기찬 국수 맛

10년 만에 다시 찾은 하노이
우리 건축기술 진출에
하품처럼 열리는 두 눈
식당가에서 흘러나오는 아리랑 선율
일상에 생기가 국물처럼 흐른다

담백한 쌀국수에 입을 맞추며
매콤한 베트남의 맛을 즐긴다
새콤한 하노이의 맛과 멋에 취한다.

생각을 바꾸니

인도 8대 불적지(佛跡地)*
비포장도로의 순례길이다
버스로 예닐곱 시간 달려가야
겨우 한 곳 볼까 말까

흙먼지에 몰아쉬는 가쁜 숨
투덜대며 갈팡질팡 춤추는 버스
화물차에 실려 있는 짐짝처럼
억지 춤 따라 출 수밖에

평생 탈 버스 이번에 다 탄다며
미안함에서 한 발 빼려는 가이드
아이고 죽겠네. 사람 잡겠다며
쓴소리 날려 구업(口業) 짓는 나

자동차도 없던 그 옛날
혜초가 걸었던 고행길 떠올리자
업 짓지 말자고 나선 순례 길
덜컹대는 버스도 호사스럽기만

* 인도 8대 불적지:쉬라바스티(기원정사, 사위성), 열반당, 바이샬리, 나란다 대학터, 왕사성, 보드가야, 녹야원, 룸비니.

백두산 가는 길

우리 땅은 얼어 있고 길은 막혀 있어
남의 땅 먼 길 돌아 백두에 올랐습니다

비암산 해란강을 지날 땐 말 탄 선구자
한없이 그리워지고 천문봉에 올라 천지
조망할 땐 눈물샘 벅차게 치솟는 까닭

동아시아에서 가장 하늘 가까운 분화구
거기에 담긴 호수, 철벽봉 내려가는데
곤두박질 여러 번 천지에 얼굴 담그고
흐르는 눈물 하염없이 닦아냈습니다

장엄한 자태로 우뚝 선 민족의 영산
길 없는 곳에 수많은 발자국 남기며
오로지 프레임 속에 역사를 담겠다는
단심으로 진실의 셔터를 눌렀습니다

얼어붙은 땅 녹이고 막힌 길 활짝 열어
우리 길로 언제쯤 백두에 오를 수 있을까
우리 땅 사람끼리 반가움 나누며

자연스럽다

투우의 본고장 론다
그라나다로 가는 차창 밖으로
끝없이 펼쳐지는 오렌지와 올리브나무 들판

보톡스 맞은 듯 부풀어 오른 곳도 없다
불거진 곳 깎아내 가라앉힌 곳도 없다
모태로부터 물려받은 생긴 그대로의 대지
잘 손질된 피부처럼 매끈한 구릉지
키 다툼 없이 사이좋게 자라고 있는 나무

포클레인도 불도저도 스쳐 간 흔적 없다
그 누구에게도 짓밟히지 않은 순수의 땅
춤사위 부드러운 높고 낮은 능선
스카이라인 그리며 살아 있는 각선미
때 묻지 않은 대지 상처 입지 않은 언덕

주사도 꽂지 않고 메스도 대지 않은
생긴 그대로의 자연, 그래서
더 자연스럽다.

4부

삶을 곱씹으며

호수의 표정

호수는
삶의 여정을 담아내는
거짓 없는 캔버스

나들잇길 실바람 애무에는
흥에 겨운 콧노래 절로 나오고
성난 비바람 할퀴면 찢긴 상처
괴로운 신음을 토해낸다

뭉게구름 얼비치면
부푼 꿈에 설레다가도
매서운 눈보라 휘몰아 들면
시련의 늪으로 피멍 드는 평상심

따사로운 햇살 내려앉으면
상처 보듬는 은빛 윤슬 가득하고
굳은 응어리 결 따라 녹으면
맑은 얼굴 내밀어 삶을 이끈다

표정도 다양한 호수의 얼굴
굴곡 심한 여정 솔깃 담아낸다.

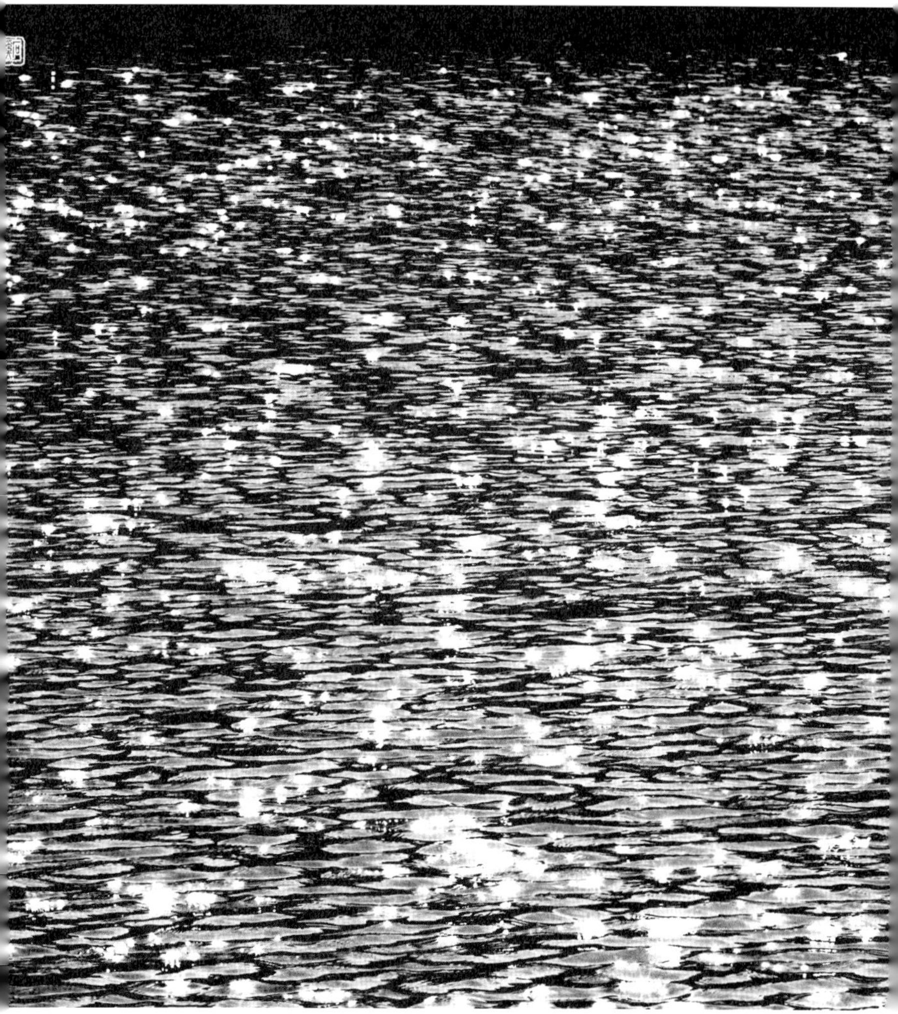

낯

마음 붓이 그려낸 저 낯 그림전(展)
천의 얼굴인 양 참 다양도 하다

분명 모델은 한 사람임에도
일었다 잦았다 하는 마음 붓 놀림 탓인가

활짝 갠 낯, 먹구름 낀 낯
비바람에 시달린 낯, 광대처럼 꾸민 낯

바람 잘 날 드문 삶 잘도 그렸지만
오직 내 마음 잡아끄는 작품 한 점

맑은 빛 은은하게 풍기는 바로 그 민낯
삿된 생각 떨치고 평상심이 그려낸 듯

바람 없는 날의 수면처럼 잔잔해
함께 이야기 나누고픈 낯익은 저 낯

빨간 스티커 하나 붙이자
수줍은 듯 볼을 붉힌다.

곡선미

삶의 흔적이 결을 쌓아가는 곡선
일상은 온통 공간곡선의 연속이다

하늘과 땅을 아우른 태극의 오목과 볼록
애환을 녹여 아리랑고개 넘어가는 소리
날개를 접고 내려앉는 학의 고풍스런 맞배지붕
정형화되지 않은 오묘한 선 뽐내는 달항아리
임산부의 경건한 생명 창조 곡선에 이르기까지
모나지 않고 걸림 없이 움직이는 흐름의 곡선

경색된 히스토그램(Histogram)보다는
매끄러운 로렌츠곡선(Lorenz Curve)이 좋다

짧은 내리막 뒤 길게 올라가는 곡선미
삶의 누적도수분포도 오르막 곡선 위에
조금 조금씩 결을 쌓아갔으면

얼음꽃

간밤, 지은 죄가 커
죄만 몰래 버리고 싶었는지
향적봉 정상까지 따라온 운무(雲霧)
싸늘한 외면, 나뭇가지마다 엉겨
서릿발 같은 꽃을 피웠다

가야산에서 여명이 밝아올 무렵
온기에 돌연, 차가운 불의 입김
녹았다 얼기를 반복하더니
마침내 서리꽃 매달아 부재중인
가슴에 가파르게 이식한다

외면할수록 단단히 얼어붙고
감쌀수록 녹아내리는 얼음꽃
뜨거운 관심을 차갑게 토하는
그의 반란에 전도(傳導)된 몸
물증을 남겨 꼬리가 잡힐지라도
가늘고 길게 입 맞추고 싶다

간음한 새싹 눈으로 가려놓고
봄의 입장을 기다리는 덕유산

청연(淸蓮)

좌불상(坐佛像) 앞 야단법석
수반에 핀 청연이 청법가 부르며
좌불더러 사자좌(獅子座)에
오르시라 한다

좌불이 염화미소로 답하자
청연은 고뇌의 감로수 받아내듯
법(法)의 수레바퀴 굴리듯
오늘도 오체투지 중

법석(法席)을 뒤로 하고
백팔 계단 내려서는
내 뒤꿈치까지 따라와
염주 여미는 청연의 합장
사자후(獅子吼)인 것 같아
뒤돌아보면 청연은 없다
아니 좌불도 없다.

石溪

몽돌 해변

파도에 주먹질 당하며
명줄 이어온 바위섬
태초엔 온통 부서져 널린
모난 돌의 해변이었을 터
각을 세운 모서리와
날을 곤두세운 모서리
날마다 엉켜 싸움질만 했다

오랜 세월 지켜보던 파도
주먹 대신 이와 이빨
얼마나 갈고 갈았으면
부딪쳐도 생채기 내지 않는
몽글한 돌로 다듬었을까

날름대는 혀, 쉼 없이
핥아대는 파도 건반
몽돌 쓸어내리는 저 소리
오감을 다스리는
소리 치료사

뺄셈의 미학

한 컷 한 컷의 프레임
플러스 줌으로 마구 담는다
마음에 진실한 순간을 담듯
글 없는 그림에 나를 가둔다
초보를 면한 지금도
한정된 프레임 속에는
왜 더하기만 하는지
피사체 가물거리는 그때
셔터 누르는 단심(斷心)으로
정중히 말하는 한 마디
어찌 그것이 사진뿐이랴
인생도 다 마찬가지의
행각인 것을

조개의 아픔은 둥글다

중천에 뜬 달의 눈짓
피하지 못한 여름밤의 조개
달빛 안기는 황홀경에 빠져
미처 다물지 못한 입속으로
칼끝 같은 모래알이
까칠하게 파고드는 것을

달빛인 줄 알고 삼킨 모래알
녹아든 달빛의 상처를 후벼
뜨겁게 당의정을 덧씌워
서서히 둥글어진다는 것을
거부하지 못하고 넣는 만큼
더 받아들이는 고통의 무게
절정에 다다른다는 것을

여린 속살에 박힌 사리
상처를 보고 나서야 조개의
아픔이 둥글다는 것을

긍정의 주문(呪文)

한 점만 더 빼앗기면 패배가
불 보듯 하는 절체절명의 순간

"할 수 있다. 나는 할 수 있다"
마음 고쳐 주문 되뇌는 태극전사
신검 날리며 질주하는 올림픽 새내기
긍정의 주문이 불가능의 표적 꿰뚫자
투구에서 불을 토하는 섬광
벼랑 끝에서 일궈낸 승리
대역전 드라마였다

포효와 환호 어우러져
불후의 명곡 연주된다

리우올림픽 펜싱 결승전 중계를 보며
"이젠 틀렸다 너는 할 수 없다"고
겉가량으로 속단한 부정의 주문
내 사전에서 지우고 싶은 단어
'포기'인 줄 미처 몰랐다.

눈길

하얗게 물들어 때 묻지 않아
흰 도화지에 몸 숨긴 세상

가시덤불 더듬어 가며
발자국 찍는 눈 덮인 들판
기러기 떼 보폭 거울삼아
누구도 가지 않은 그곳에
찍어놓는 내 발걸음

길 없는 눈길 열며 간다
남긴 발자국 뒤로 보내자
알아채고 뒤따르는 사람
발길 다진다

끊임없이 …… 잇는다.

비폭(飛瀑)

천길 단애(斷崖)
그 위를 기어오른다

분수 넘치면 어김없이
수직으로 쏟아져
추락한다

주저하지 않고
천길 단애 뛰어내린다
뿌연 포말 속으로
오색 다리 하늘에 걸리면
자신을 낮춘 비폭(飛瀑)
청공(晴空)으로 오른다

낮추어야 올라간다는
낮춤의 채찍 미학이 되어
내게 돌아온다.

꽃 공양

겹벚꽃 지천으로 널린 각원사*
꽃방석에 앉아 엷은 미소짓고
굽어보는 청동 대불

화르르 피고 사월이 흩어지면
연홍빛 웃음 날리는 실바람에
몸 맡기는 호사도 누렸다만
미련 없이 꽃송이 내려놓고
비로소 홀가분해지는 너

지고 나면 그만인 줄 알았는데
꺼지기 직전 제 몸 끌어 올려 밝히는
한 생, 끝자리에 이르러서야 불전에
온전히 공양하는 겹벚꽃

* 각원사(覺願寺): 충남 천안 태조산에 위치한 조계종 사찰

그믐밤의 별빛

월차휴가로
달이 자리를 비운
그믐밤 하늘

한결,
총명한 눈망울
부릅뜬 뭇 별

갈림길엔 친절한 이정표
엉킨 길엔 앞장서
길을 뚫는 별똥별

북극성 축이 되어
공전하는 별 지도
갈 길 일러주는
하늘 동네 길라잡이

어두울수록 밝아지는
그믐밤의 별빛

아호(雅號)

넉넉하게 품은 생명의 자원
아낌없이 아래로 풀어놓는 산
그 베풂, 보시의 근본 삼으라고
월하(月下)선사, 기산(奇山)이라는
불명 주신 건가

쉼 없이 흘러내리는 생명수
꼬리에 꼬리 이어지는 돌개울
그 청아함, 서화 즐길 때
예명으로 쓰라고 계정(溪丁) 화백
석계(石溪)라는 아호 주신 건가

가장 낮은 곳에서 좋고 나쁨
분별 않고 감싸 안는 바다
그 낮춤, 중도(中道)의 본을 삼으라고
혜경(惠耕) 스승, 중해(中海)라는
아호 주신 건가

우쭐대지 않는 기특한 산
티 없이 맑은 돌개울
넓은 가슴으로 품어 안는 바다

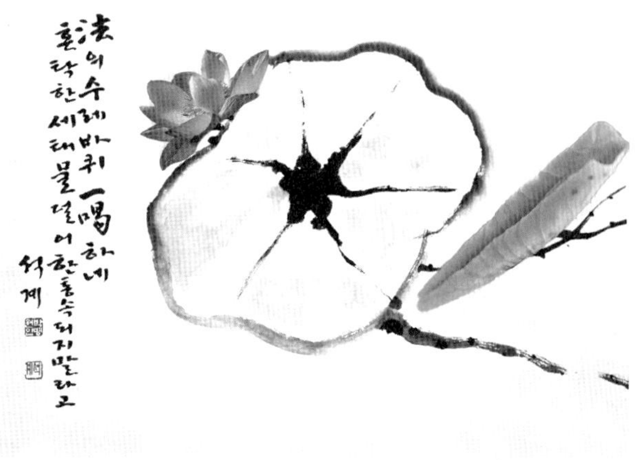

산에서 개울 개울에서 바다로
흐르는 물처럼 살아가라고
퍼즐 맞춰 지어주신 아호
기산, 석계, 중해,

어긋날 때마다 제 갈 길 가라는
준엄한 사자후(獅子吼)

후면주차

출발하기 전, 내비게이션에
가야 할 곳 설정한 승용차처럼
도착 후, 코를
바깥쪽으로 가지런히
돌려놓은 저 신발
출발선에 납작 엎드려 후면주차 중
발진 신호만 울리면
후진은 없다
유ㄱ턴도 없다
오직, 앞으로 가는 세상을
열겠다는 다짐만 있을 뿐.

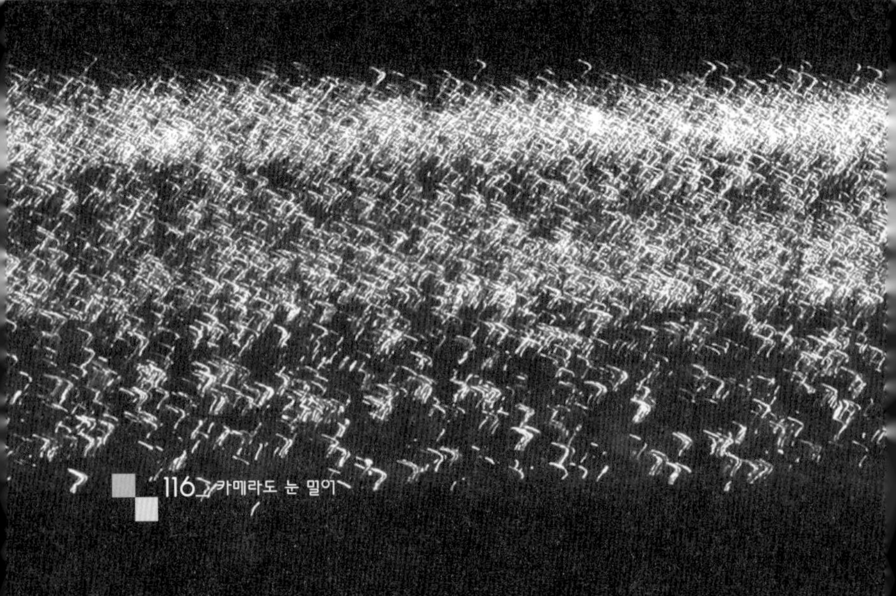

Parking the Car Backward

Like a passenger car
That has set the destination on the navigator
Before starting;
Those shoes that turn their noses outward
Side by side, after arriving.
While parking the car backward
Sprawling flat on the start line--
When the start signal sounds,
There' s no proceeding backward,
Not even a U-Turn.
There' s only the pledge to open the world
That moves forward.

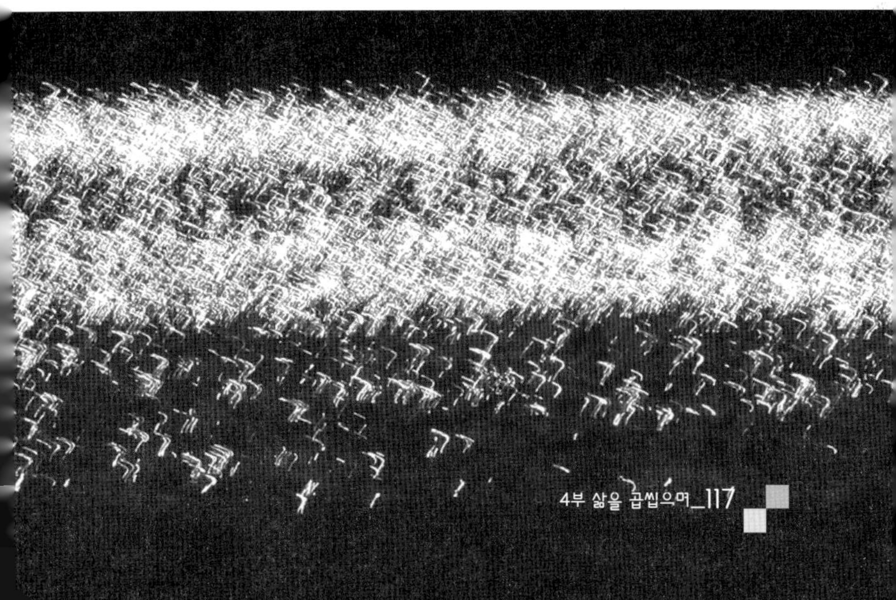

돌 내*

물길 열기 시작한
산기슭 돌 틈 작은 물
길에서 만난 다른 물 씨와
손잡고 몸 불리며 간다

물길의 여정 순탄하다가도
낭떠러지 만나면 겁도 없이
자신을 시험에 들게 하고
돌 여울 막아서면 각과 각
비비는 소리를 낸다

목마른 대지 생명의 끈 이어주고
지친 길손의 마음마저 달래는
사이사이로 솟는 작은 물씨
쉼 없이 유영하며
키워내는 돌 내

* 돌 내는 석계(石溪)의 우리말.

면암(勉菴)*
-대마도 수선사 뜰 안 최익현 순국비 앞에서

땅을 밀고 올라온 어린 죽순
열네 살 때 이항로 문하에서 자란 면암
성균관 유학 중 춘장대 기왓장 들썩이며
명경과 장원의 출셋길 열리고

목숨 건 계유상소 쓴소리 마다치 않고
"전하 아니 되옵니다" 필설로 뜻을 펴다
제주도와 흑산도 두 번의 유배 생활
매사에 꼬장꼬장하던 면암(勉菴)

늘그막에 앞장선 의병장
일본군 감옥에서 끝내 꺾어진
큰 대나무, 올곧음이 한결같은
당신은 진정한 선비
비 온 땅 밀어제치고 솟는 죽순
우리의 앞날이 걸려있기에 부디
이 나라 마지막 선비가 아니기를

대마도 수선사 초라한 앞뜰
위대한 순국비 앞에 합장 배례하며
애달픈 비가(悲歌)를 부릅니다.

* 면암: 최익현의 호.

김수학

그는 1927년 경주에서 태어났다

열여섯에 경주군청 사환으로 시작, '국졸도백(國卒道伯)' 이라는 세간의 화제에 올랐고 국세청과 토지개발공사, 새마을운동중앙회장의 직이 차례로 맡겨졌고 공직에서 물러나서도 고향 명예 읍장으로 봉사했다

일과 일을 벌이고 만들어 일 속에 파묻혀 살아온 50여년 공직생활, 이재 담백 공사 분명했던 선비 같은 청백리, "땀 배지 않은 돈 받지 말라"는 노모의 타이름 한 치도 거스르지 않고 말 잘 들은 자식이면서 새마을운동을 앞장서 이끌 땐 급료마저 사양하고 자원봉사자의 참모습을 보이던 당신, 관료티 나지 않게 목에 힘주는 일 없었고 타고난 유머 감각으로 상대 마음 열게 한 사람, 소주와 막걸리 안동국시를 즐겼던 소탈한 성품에 아랫사람도 쉬 다가오게 하던 자석 같은 촌사람

성심과 청렴과 봉사의 덕목이 철 지난 가치인 양 폄하되는 이 시대

오로지 나라 위해 티 없이 외길로 살아온 고집스러운 생애

그가 말한다
“나라 걱정에 잠 못 이루는 공직자 아직 많다”고

2011년, 김수학(金壽鶴) 그는 자기 이름대로
수(壽)를 마감한 한 마리 학(鶴)이 되어 무거운 짐 내려
놓고
고향 경주 솔숲으로 날아갔다

추풍령을 넘어 맨발에 빈손으로

새마을운동, 대지에 상서로운 빛으로

-새마을운동신문 2015년 신년 호 축시

그날까지도 우리는
실의와 좌절, 나태와 무기력의 늪 속에서
헤어나지 못하고 있었다

그러나
'우리도 한번 잘 살아 보자' 는
간절한 여망에 당겨진 불씨,
근면, 자조, 협동의 기름은
이 불씨를 전국 방방곡곡으로
들불처럼 번지게 하였다

새마을운동이 연출한
감동적인 인간 승리의 수많은 사례들,
한 맺힌 찌든 가난으로부터
벗어날 수 있었던 원동력이 되었다

새마을운동, 그것은
우리의 오늘을 있게 한 마중물이요
지구촌 이웃을 깨우는 새벽종이었다.
우간다와 탄자니아, 미얀마와 라오스에서
우리의 경험을 배우려는 줄이 이어지고 있다

하지만, 우리의 오늘은
막힌 곳과 갈라진 곳,
어두운 곳과 그늘진 곳이 아직도 많다

새마을운동이여 오라
경계를 허물게 하는 어울림의 빛으로
어두움을 밝히는 여명의 빛으로
시린 상처 아물게 하는 따사로운 빛으로
외로움을 감싸 안는 배려의 빛으로
나라 밖 이웃에게는 나눔의 빛으로

을미년 새해가 밝아 온다
대지의 푸른 초원에 상서로운 빛으로 오라.

작품해설

-박병원의 시세계-

우리가 이세상을
정녕 아름답게 할 수 있거늘

이승하

우리가 이 세상을 정녕 아름답게 할 수 있거늘

이 승 하 (시인 · 중앙대 교수)

시 · 서 · 화 세 분야에서 모두 일가를 이룬 박병원 시인과 작은 인연에 대해 먼저 말하고 싶다. 2016년 3월에 중앙대학교 안성캠퍼스 평생교육원 시 창작반에 등록한 박 시인은 다른 대학의 시 창작반에 다년간 다녔고, 유수 문예지를 통해 등단도 한 터수였다. 기성 시인이라고 밝히지 않은 채 다니는 동안 해외여행을 떠난 때를 제외하고는 지각과 결석을 한 적이 없었다. 천안 시내에서도 한참 들어가는 태조산 기슭에서 안성까지 통학하는 것이 쉽지 않았는 데도 말이다. 그곳에서 그는 겨울철을 제외하고는 농사를 꽤 큰 규모로 짓고 있었다.

때로는 강한 어조로 그의 시에 대해 조언을 하였고 때로는 크게 고칠 것이 없다고 말했지만 대체로 칭찬에는 인색했던 것으로 기억한다. 집념과 끈기의 2년 반 세월이었다. 5학기 계속해서 등록해 다니는 동안 작품이 쌓여 수백 편이 되었다. 그 가운데 80편을 골라 시집을 내게 되었으니 생애 첫 시집 『카메라도 눈멀어』이다. 시에 대해 해설을 하기 전에 박 시인이 왜 시 · 서 · 화에서 일가를 이룬 분인가를 설명해야겠다.

서화 부문에서는 서예 · 문인화 개인전을 열었을 정도의 실력을 갖추고 있다. 그런데 실력 발휘는 정작 서예와 그림보다는 사진 분야에서 했다. 초대전을 열었을 만큼 사진 분야에서는 이미 이름이 널리 알려져 있다. 시작(詩作)에 뛰어 들어 열정을 불태워 등단 4년 만에 시집을 내게 되었으니 놀라운 일이 아닐 수 없다.

박병원 시인은 새마을운동중앙연수원에서 교수를 거쳐 원장을 오랫동안 했다. 우리나라 새마을운동의 산증인이자 역사적 실체인 셈이다. 박정희 대통령 작고 이후 많이 위축된 것은 사실이지만 1970년대에 우리나라 경제가 고속도로처럼 쭉쭉 뻗어 나가는 데 새마을운동이 견인차 역할을 톡톡히 했다는 것은 선진국에서도 다들 인정하고 있다. 새마을운동은 근면 · 자조 · 협동이라는 기본 정신과 실천을 범국민적, 범국가적으로 추진함으로써 국가 발전을 가속적으로 촉진시키려는 목적으로 진행된 운동이다. 정부의 절대적 지원으로 운동이 전국으로 확대되면서, 단순한 농촌개발사업을 넘어 공장 · 도시 · 직장 등 우리 사회 전체의 근대화 운동으로 확대 · 발전하였다.

이런 단체의 수장을 지낸 박병원 시인의 시에서는 현실 비판적인 시가 속출한다. 제1부의 시부터 보자.

> 높은 데서부터
> 호수로 흘러드는 오 · 폐수
> 온갖 질환으로 병들어
> 신음하는 물속 식구

호수가 무덤 되지 않고
논밭 곡식에 젖 물릴 수 있음은
호수 속 낮은 데서부터 쉼 없이
샘솟는 발원지가 있기 때문

어두운 밤을 밝히고자
시대의 오욕을 탄핵하는 촛불
서로를 비비며 한 몸인 양
앉아있는 촛불 가족
혼탁해진 호수, 맑게 하는
샘의 근원이다.

—「샘」 전문

이 시에서 시인은 촛불 집회' 를 가리켜 혼탁해진 호수를 맑게 한 셈이라고 칭송하고 있다. 다른 시를 보자.

성난 촛불
차 벽이 가로막자
막고 있는 차 벽에 꽃을 피운다
순간
빛의 촛불이
소리 꽃으로 몸 바꿔
꽃 나팔 된다

간절한 촛불 민의(民意)
푸른 벽 넘어간다.

—「꽃 나팔」 전문

삼청동 청와대 입구에서의 촛불 시위 과정을 시적 은유로 표현하고 있다. "빛의 촛불이/ 소리 꽃으로 몸 바꿔/ 꽃 나팔 된다"는 것은 시각적 이미지가 청각적 이미지로 바뀌었다가 다시 시각 · 청각이 뒤섞인 공감각적인 이미지로 바뀌는 것을 보여준다(들려준다). 결국 간절한 민의가 푸른 차 벽을 넘어가 대통령을 권좌에서 끌어내리게 한다. 대통령의 권력이 무소불위였지만 그것이 지속되지 않게 막은 것은 시민 한 사람 한 사람이 든 촛불이었다. 영화 〈공범자〉을 보고는 「일그러진 방송」을, 〈1987〉을 보고는 「새날」을 쓴다.

낙하산 타고 우쭐대는 점령군

힘센 자 입맛에 맞게
수작 부리는 말만 읊게 하고
묻지도 따져보지도 못한 뉴스
사실에 더하기 빼기 한 방송
세상 더듬는 시민의 눈멀고
귀먹게 한 흉기 중의 흉기

—「일그러진 방송」 전반부

기다린다고 절로 오지 않는다

눈 귀 멀게 하고
입까지 막아버린 동토의 늪 속
두려움이 분노로, 분노가 용기로
날을 갈아 밝힌 빛의 물결
어둠의 장막 밀어냈다

손과 발 부르트고 온몸 멍들어가며
목말라 애태웠던 기다림의 그 날

—「새 날」 전반부

세월호 참사 때는 문예지상에 현실 참여시가 제법 많이 발표되었다. 그러나 촛불 시위가 한창일 때는 시인이 시를 안 쓰자 모 출판사에서는 따로 시인들에게 청탁을 해 촛불집회 기념시집을 발간하기도 했다. 오늘날 문예지상에 현실 참여시는 눈을 씻고 봐도 안 보이는데 박병원 시인은 이런 시를 거침없이 쓰고 있다. 박 시인은 "저만 살겠다고/ 힘센 바람에 빌붙어/ 너풀너풀 춤추며/ 아부하는 나무"(「나비효과」)라고 일갈하기도 하고 "한 계단 두 계단 착실한 걸음 팽개치고/ 빨리빨리 높이 오르기만을 꾀하다/ 천 길 나락으로 떨어지는 몰골"(「계단 오르기」) 하면서 우리 사회의 현실을 비판하기도 한다. 현실풍자시 계열에 속하는 시로 이외에도 「제발 좀」 「헛 비질」 「견성」 「메기야 고마워」 「헐크의 다이어트」 「대불의 귀」 등을 꼽을 수 있다. 풍자란 부조리한 사회 현실이나 부정직한 인간을 정면으로 비판하지 않고 우회적으로 비판하는 것인데, 골계미를 원용하고 있어서 얼핏 보면 가벼운 위트로 쓴 시 같지만 사실은 언중유골이요 촌철살인이다. 새마을운동중앙연수원에서 젊은 시절을 보낸 시인이 이와 같은 첨예한 현실 인식을 갖게 된 것이 놀랍고 자랑스럽다.

제2부는 대체로, 퇴임 후 농사를 지으면서 살아가는 본인의 일상을 다룬 시편으로 이루어져 있다.

올 듯 올 듯하면서
오지 않는 봄비

할퀴고 쩍쩍 갈라지는 대지
겉옷 벗지 못해 속앓이 하며
깨어나지 못하는 새 눈

물오른 싱그러움
알알이 영그는 꿈
그 꿈 말릴 대로 말리며
옥죄기만 하는 봄 가뭄

—「봄 가뭄」 전반부

땡볕이 덧낸 상처
타는 속 식히지 못한 초록 피돌기
이파리 시들고 줄기 꼬부라져
고개마저 떨군 텃밭 식구

어젠 마른천둥만 요란했을 뿐
끝내 오지 않은 그 임 때문에
마른 모래만 씹어야 했다

오늘, 임 오신다는 소식 있어
밭일 내려놓고 나선 서울 나들잇길
거리엔 온통 우산 든 사람 북적대
행여 방패 우산에 임이 거슬릴까
오시다 마음 접고 돌아서 가버릴까
집 나설 때 난 아예 우산 들지 않았다

도심 빌딩 숲엔 잘도 오시는 임
하늘 아래 편안타는 천안도솔고을
말라비틀어진 상처 어루만질
내 임, 오늘은 오시려나

—「오늘은 오시려나」 전문

농사꾼의 애타는 심정이 고스란히 드러나 있는 시편이다. 2018년 올해는 정말 봄 가뭄도 심했고 여름 내내 폭염으로 농작물이 다 말라 죽어 농사꾼의 근심이 이만저만이 아니었다. 농사꾼을 위협하는 것은 가뭄만이 아니다. 멧돼지의 습격으로 고구마밭이 쑥대밭이 되기도 하고(「당했습니다」), 물 폭탄을 맞아 울타리가 허물어지고 삶의 둥지가 초토화되기도 했다(「집중호우」). 어느 한 시절 내내 까치와 싸우고 어떤 날은 잡초와 싸운다. 하지만 일과를 마치고 농막에서 낮잠을 자는 시간도 있다.

뿌리 뻗고야 말겠다는 잡초
기어이 뽑겠다고 기를 쓰는 나
이마에 맺힌 땀방울 훔쳐내고
냉수로 더위 가시게 해주는

호미에 묻은 흙 털어내며
잠시 전열 가다듬다 스르륵
빠져드는 낮잠, 꿀맛보다
더 진한 농사꾼의 보약

—「농막」 부분

농사꾼이라고 주야장천 일만 할 수는 없는 법, 농막에서 땀을 식히기도 하고 가을에는 수확의 보람을 느끼기도 한다. 텃밭을 가꾸며 세상살이의 이치를 생각하기도 하는데, 농사꾼은 삶의 지혜를 땅에서 얻는 것이다. 하늘을 보며 얻는 것이다. 이밖에 「아내의 손맛」 「불덩이와 불똥」 「보이스톡」은 40년 넘게 해로하고 있는 아내에 대한 사랑을 은근히 드러낸 시편이다. 이들 시에 대한 설명은 시인이 부끄러워할 것 같아 생략한다.

시집의 제 3부는 해외여행의 산물이다. 아마도 사진작가로서 사진을 찍으러 세계 각지로 여행을 떠났던 것이 아닐까 여겨지는데, 시를 보니 그저 단순한 여행기가 아니다.

혓바닥 날름대는 거친 파도
아이슬란드의 겨울 바다로 숨어든
빙하 조각을 핥고 또 핥아댄다

쥐어 짜낸 얼음 파편의 땟국물
해변을 검게 물들이는가 했더니
해수면까지 불어나게 하고 있다

분별없는 이 모두가 제 탓이라고
변명 한마디마저도 삼켜버리며
마음의 때 씻어내겠다는 유빙

너나없이 내뱉은 그 많은 온실가스
지구를 열 받게 한 주범 따로 있는데
어찌 그게 네 탓이겠느냐?

—「유빙」 전문

시인은 아이슬란드에 가서 유빙을 보았던 모양이다. 북극 대륙에서 떨어져 나와 바닷물에 녹고 있는 유빙은 지구온난화의 산물인데 그 주범은 사실상 인간이다. 인간이 키우는 소들은 방귀를 뀌어 탄소를 배출하고, 인간은 닭과 오리를 무진장 잡아먹고는 그 뼈를 땅에 묻는다. 21세기에 들어 인간은 사후 대체로 화장하는데 치킨과 삼계탕의 부산물인 닭뼈는 땅에 묻어버린다. 우스갯소리가 있다. 미래사회의 신인류가 땅을 파보고는 2000년대에는 지구를 닭들이 지배하고 살았을 거라고 말할 거라나. 인간은 차를 운전하면서 대기를 오염시키고 공산품을 만들면서 공장 굴뚝으로 공해물질을 배출한다. 비닐과 플라스틱과 스티로폼이 지구를 뒤덮고 있고 바이러스들이 진화하여 신종질병을 퍼뜨리고 있다. 동물은 제 분수를 알고 자연에 적응해 사는데 인간은 자연을 개발한답시고 도처에서 파괴한다.

청해성 드넓은 초원
무리로부터 튕겨 나온 한 마리 양
겁도 없이 다가와 살을 부빈다

갉아먹고 뜯어먹는 그는 채식주의자
나는 채식이든 육식이든
가리지 않고 수저로 뜨고 칼로 베고
포크로 찍어 먹는다

순한 속, 부드러운 겉모습의 사랑스러운 양
겉과 속 다중적이라 거칠고 날카로운 나

그윽하게 살 베기와 찌르기 그만하라는 그와
무리에서 뒤처져 길 잃지 말라며 쓰다듬는 나
한참을 살 부비며 애틋함 주고받는다

—「교감 · 1」 전문

중국 서부의 청해성(青海省, 칭하이성)에 가면 광활한 초원지대가 있다. 양이 이곳 산업의 근간인데 여행객 박병원은 무리에서 떨어져 나온 한 마리 양과 교감을 한다. 양은 채식주의자인데 화자는 육식 · 채식을 가리지 않는다. 양이 그윽한 눈빛으로 "살 베기와 찌르기 그만 좀 하라"고 말하는 것 같다. 무리에서 뒤처져 바보처럼 길 잃지 말라고 마음으로 말하며 양을 쓰다듬는 화자와 양과의 교감은 결국 생명존중을 말하는 것이다. 아프리카 케냐의 국립공원 마사이 마라에 갔을 때는 따오기가 절규하는 것을 보고 깜짝 놀란다. 아직 날지 못하는 새끼를 보호하려는 어미를 보고 사파리 전용차 운전기사는 그곳을 피해 우회한다. 이 또한 우리가 뭇 생명을 어떻게 대해야 하는지를 깨닫게 하는 생명시이면서 생태시라고 할 수 있다. 바이칼호 알혼섬에 가서는 우리 민족의 근원이 여기인가 하면서 명상에 잠긴다. 아프리카 남서부 나미비아에 있는 소수스플레이 사막에 가서는 고사목을 본다. 나무는 분명 죽어 있는데 그 고사목이 사람들에게 안식을 제공한다.

제 몸 말라 미라가 되었으면서도
앙상한 가지만으로 그늘까지 내어주며
땡볕에 시든 나그네를 안고 있다

그가 베푸는 좁은 그늘 밑
씻긴 땀방울 열사(熱砂)의 흥분 잠재우고
소진한 기(氣) 채우려고 안간힘 쓰는 트레커
좁은 그늘이 더 넓게 느껴지는 것은
죽은 자가
산 자를 품어 안기 때문

—「소수스플레이의 고사목」 후반부

사막의 고사목 몇 그루가 열사에 지친 트레커들에게 그늘을 제공하는데, 즉 "죽은 자가 산 자를 품어 안는" 데 우리 인간은? 생명을 귀하게 여기고 잘 돌보았는가? 광우병이 왜 생겼는지, 조류독감이 왜 창궐했는지 반성하지 않으면 또 다른 질병이 인류를 위협할 것이다. 해외여행은 미지의 세계로 가보는 것이기에 즐겁기도 하지만 무척 힘든 여정이 되게 마련이다. 며칠 내로 십여 군데 가보는 것이 쉬운 일이 아니다. 차량이 불편할 때도 있고 잠자리가 불편할 때도 있고 음식이 입맛에 안 맞을 때도 있다. 가이드가 속을 썩일 때도 있고 동행인과 마음이 안 맞을 때도 있다. 그런데 보라, 그곳의 나무들과 새들, 뭇 짐승은 불평을 하는가. 자연의 순리를 따르며 살아가지 않는가.

평생 탈 버스 이번에 다 탄다며
미안함에서 한 발 빼려는 가이드
아이고 죽겠네. 사람 잡겠다며
쓴소리 날려 구업(口業) 짓는 나

자동차도 없던 그 옛날
혜초가 걸었던 고행길 떠올리자
업 짓지 말자고 나선 순례 길
덜컹대는 버스도 호사스럽기만

—「생각을 바꾸니」 후반부

8세기 초였다. 신라의 당나라 유학승 혜초는 북인도 5천축국을 포함하여 40개국을 도보로 돌았다. 『왕오천축

국전』은 4만km를 돌아보며 쓴 여행기이자 기록문이다. 버스를 근 10시간 타면 등, 허리, 엉덩이 안 아픈 곳이 없지만 혜초를 생각하면서 박 시인은 자신의 불평불만을 반성한다. 여러 여행 중 인상 깊었던 것은 백두산 가는 길이었는데 그 이유는 우리 땅이 아닌 남의 땅을 통해 백두산에 올라가야 했기 때문이다. 아 정말 언제쯤이면 북한 땅에서 백두산에 올라갈 수 있을까.

비암산 해란강을 지날 땐 말 탄 선구자
한없이 그리워지고 천문봉에 올라 천지
조망할 땐 눈물샘 벅차게 치솟는 까닭

동아시아에서 가장 하늘 가까운 분화구
거기에 담긴 호수, 철벽봉 내려가는데
곤두박질 여러 번 천지에 얼굴 담그고
흐르는 눈물 하염없이 닦아냈습니다

—「백두산 가는 길」 부분

백두산 가는 길에는 울어도 좋다. 백두산에 올라가 천지연을 보면서 울어도 좋다. 하산하면서 울어도 좋다. 이 시의 내용이 눈물의 의미를 잘 말해주고 있다. 통일은 요원한 일이지만 남과 북이 화합하여 자유 왕래하는 날이 온다면 북한 땅을 통해 백두산에 올라가는 남쪽의 관광객이 하루에 5천 명은 되지 않을까. 박병원 시인의 해외여행 체험담 시 가운데 사진을 의인화한 시가 눈길을 끈다.

바람이 경전을 읽어주는
라싸에서 카트만두로 가는 길

그 길에서 넘어야 하는 가초라 고개

해발 5,248m,
오를수록 어지러운 현기증
쏟아질 것 같은 두 눈, 이대로는
산새도 설산도 볼 수 없다

세 발 딛고 선 카메라도 선뜻
프레임 안으로 초점 잡지 못하는
히말라야의 설봉도 그저 산일뿐

힘겹게 올랐지만 오래 머물 수 없는 고개
설산도 바람이 읽어주는 경전도
카메라가 눈멀어 담을 수가 없다

네팔 국경 마을로 내려서고 나서야
언제 그랬냐는 듯 가뿐해지는 몸과 마음
나도 카메라도 시력을 되찾는다.

—「카메라도 눈멀어」 전문

일종의 고산병이었을 것이다. 산소가 희박해지면 사람은 현기증을 느끼거나 졸음이 쏟아진다. 어떤 사람은 구토를 하고 어떤 사람은 두통에 시달린다. 시인은 지금 카메라를 세웠지만 현기증이 생겨서 죽 늘어선 히말라야의 설봉들을 찍을 수 없다. 시인의 분신인 세 발로 선 카메라도 처음에는 어지러워하더니 나중에는 눈이 멀고 만다. 그런데 하산하여 네팔 국경 마을로 오니 언제 그랬냐는 듯 몸과 마음이 가뿐해져 나도 카메라도 시력을 되찾았다는 이야기를 하고 있다. 우리는 사진을 볼 때 피사체만 볼 뿐 찍은 사람에 대해서는 신경을 안 쓰는

데, 이 시를 보니 모든 사진은 사진작가의 작품이라는 생각을 새삼스럽게 하게 된다. 작가는 밥을 굶었을 수도 있고 추위에 떨 수도 있고 밤을 꼬박 새웠을 수도 있구나.

제4부의 시는 시인 자신, 지나온 생을 굽어보면서 보고 듣고 느낀 것들을 소재로 하여 쓴 일종의 잠언 모음집이다. 대체로 자연을 대상으로 하는데, 자연은 인간에게 많은 교훈을 준다. 아무 말 없이. 흡사 대웅전의 부처상이 이심전심으로 말을 건네듯이.

뭉게구름 얼비치면
부푼 꿈에 설레다가도
매서운 눈보라 휘몰아 들면
시련의 늪으로 피멍 드는 평상심

따사로운 햇살 내려앉으면
상처 보듬는 은빛 윤슬 가득하고
굳은 응어리 결 따라 녹으면
맑은 얼굴 내밀어 삶을 이끈다

표정도 다양한 호수의 얼굴
굴곡 심한 여정 솔깃 담아낸다.

—「호수의 표정」 부분

물이 늘 그득한 호수를 보면서 시인은 상념에 잠긴다. 우리가 저 호수처럼만 맑은 얼굴을 하고 있으면. 우리인간은 아무것도 아닌 일에도 평정심이나 평상심을 잃어버리는 경우는 없지 않을까. 호수의 표정을 보고 마음을 다스릴 일이다. 가만히 생각해보면, 세상엔 수많은 곡선이 있는데 우리는 그 아름다움을 잘 모르고 살아가고 있다.

삶의 흔적이 결을 쌓아가는 곡선
일상은 온통 공간곡선의 연속이다

하늘과 땅을 아우른 태극의 오목과 볼록
애환을 녹여 아리랑고개 넘어가는 소리
날개를 접고 내려앉는 학의 고풍스런 맞배지붕
정형화되지 않은 오묘한 선 뽐내는 달항아리
임산부의 경건한 생명 창조 곡선에 이르기까지
모나지 않아고 걸림 없이 움직이는 흐름의 곡선

경색된 히스토그램(Histogram)보다는
매끄러운 로렌츠곡선(Lorenz Curve)이 좋다

짧은 내리막 뒤 길게 올라가는 곡선미
삶의 누적도수분포도 오르막 곡선 위에
조금 조금씩 결을 쌓아갔으면

—「곡선미」 전문

대체로 사람은 나이가 들면 고집이 세진다. 그래서 옹고집이라는 말이 생겨났을 것이다. 남의 말을 들으려 하지 않고 자기주장을 밀고 나가려고만 해서 주변의 눈총을 왕왕 산다. '노욕' 이나 '노탐' 이라는 말도 자기중심적인 노인들의 태도를 보고 생겨난 말일 것이다. 그래서 사람이 나이를 먹으면 입은 다물고 지갑을 열라는 말이 있다. 고령화 사회가 된 우리나라의 경우 고집 센 노인네들이 많으면 곤란할 터인데 시인은 그런 사람이 되지 말자고 자신을 줄곧 경계한다.

태초엔 온통 부서져 널린
모난 돌의 해변이었을 터
각을 세운 모서리와
날을 곤두세운 모서리
날마다 엉켜 싸움질만 했다

오랜 세월 지켜보던 파도
주먹 대신 이와 이빨
얼마나 갈고 갈았으면
부딪쳐도 생채기 내지 않는
몽글한 돌로 다듬었을까

날름대는 혀, 쉼 없이
핥아대는 파도 건반
몽돌 쓸어내리는 저 소리
오감 다스리는
소리 치료사

—「몽돌해변」 부분

주저하지 않고
천길 단애 뛰어내린다
뿌연 포말 속으로
오색 다리 하늘에 걸리면
자신을 낮춘 비폭(飛瀑)
청공(晴空)으로 오른다

낮추어야 올라간다는
낮춤의 채찍 미학이 되어
내게 돌아온다.

—「비폭」 부분

몽돌해변은 수천 년 동안 파도를 맞아서 동글동글해진 돌로 이루어진 해변이다. 시인은 해변의 돌에는 그다지 관심을 갖지 않고 파도 소리에 큰 의미를 부여한다. 그 소리는 찌든 내 속을 맑게 닦아내는 소리로서, 그 소리가 내 아픈 마음을 치료해준다. 내 날카로운 마음을 둥글둥글하게 해주는 것은 그 해조음이다. 폭포의 포말도 "낮추어야 올라간다"는 교훈을 내게 말해준다. 우리 사회는 겸손이나 겸허함이 미덕이어야 할 텐데, 자화자찬이 아니면 모함이 팽배해 있다. 리우데자네이루 올림픽 펜싱 결승전 티브이 중계를 보면서 이젠 틀렸다, 할 수 없다고 속단했지만 역전승을 해 박상영 선수가 금메달을 목에 걸었다. "내 삶의 사전에서 지우고 싶은 단어/ '포기' 인 줄 미처 몰랐었네."(「긍정의 주문」)라는 깨달음에 이른다. (남자 에페 단식 결승전에서 9:13으로 지고 있던 박상영 선수가 15:14로 역전승하였다.) 이밖에도 일신, 우일신하려는 시인의 태도를 곳곳에서 느낄 수 있다. 아마도 세 명의 스승이 준 각기 다른 아호를 가슴에 새기면서 살아온 덕이 아닐까. 기산(奇山), 석계(石溪), 중해(中海)는 다음과 같은 뜻이다.

우쭐대지 않는 기특한 산,
티 없이 맑은 돌개울
넓은 가슴으로 품어 안는 바다
산에서 개울 개울에서 바다로
흐르는 물처럼 살아가라고
퍼즐 맞춰 지어주신 아호
기산, 석계, 중해,

어긋날 때마다 제 갈 길 가라는
준엄한 사자후(獅子吼)

—「아호」 부분

이름을 지어준 세 분의 스승을 생각하며 산다면 박병원 시인은 좋은 시를 쓸 수 있을 것이며, 보람찬 노년기를 보낼 수 있을 것이다. 시 · 서 · 화는 단순한 기예가 아니라 인격을 수양하는 방편이었다. 마음을 낮추고 잘 가다듬는다면 앞으로 더욱 훌륭한 시를 쓸 거라고 믿는다. 시집 전체를 아우르는 사상은 불교인데 그 지점에 대해 언급하지 못한 것이 아쉽다. 해설자가 따로 설명하지 않아도 독자는 이 시집을 읽는 동안 시인의 불심을 충분히 느꼈을 것이다. 첫 시집 출간을 계기로 더욱 시업에 매진하여 앞으로 사진집, 사진 시집도 발간하기를 기원하면서 해설의 글을 줄인다.

국립중앙도서관 출판예정도서목록(CIP)

카메라도 눈멀어 : 박병원 시집 / 지은이: 박병원. -- 서울
: 다시올, 2018
p. ; cm. -- (다시올 시선 ; 026)

ISBN 978-89-94414-81-2 03810 : ₩10000

한국 현대시[韓國現代詩]

811.7-KDC6
895.715-DDC23 CIP2018031925

Bak Byeongwon

다시올 시선 026

카메라도 눈멀어

초판인쇄 2018년 10월 10일
초판발행 2018년 10월 15일

출판등록 | 제310-2007-00028

지은이 | 박병원
발행인 | 김영은
펴낸곳 | 다시올

주 소 | 서울 노원구 광운로 32, 지층1호
전 화 | 031-836-5941
팩 스 | 031-855-0023
메 일 | maxim3515@naver.com

ISBN 978-89-94414-81-2 03810

정가 10,000원